Le grand requin blanc

Ouvrage collectif créé par Losange
Direction éditoriale : Hervé Chaumeton

Coordination éditoriale : Laurence Dechel
Relecture : France Fauchère
PAO : Francis Rossignol, Isabelle Véret
Photogravure : Stéphanie Henry, Chantal Mialon

ISBN : 2-84416-452-8
N° d'éditeur : 84416
Dépôt légal : septembre 2006

Achevé d'imprimer : août 2006
Imprimé en Slovaquie par Polygraf Print GmbH, Presov

Le grand requin blanc

Philippe Écalard

ARTÉMIS
ÉDITIONS

Sommaire

6 Portfolio

10 Préambule

12 Un squale mythique

16 Mégalodon, le cousin géant du Crétacé

20 Une physiologie à toute épreuve

30 L'équipement sensoriel : un ordinateur de chasse intégré

36 Les attaques de grand requin blanc : du fantasme à la réalité

46 Le tourisme autour du grand requin blanc

54 Le grand requin blanc menacé d'extinction ?

58 Quelques espèces de requins

64 Index

Portfolio

➤ *Page 4* : Le grand requin blanc est un des rares squales à pouvoir sortir sa tête entièrement hors de l'eau.

➤ *Page 9* : Grâce à sa morphologie particulière, le grand requin blanc est aisément reconnaissable. Une confusion à distance peut se produire avec son cousin le requin taupe ou le requin mako.

➤ *Page 10* : Cette silhouette reflète à elle seule toute la puissance animale : farouche et indépendante, elle transperce la surface et marque son territoire.

➤ *Page 11* : Sous la surface, le premier contact visuel avec le grand requin blanc est généralement inoubliable : le squale s'immobilise à quelques mètres du plongeur, le fixe du regard puis s'éloigne placidement. Curiosité ou défi ?

➤ *Page 12* : L'imposant aileron du grand requin blanc symbolise la crainte inspirée par cet animal. Silencieusement, il fend la surface de l'eau comme un sabre et annonce la venue du squale.

➤ *Page 13* : Le cliché ultime de la bête, effrayant à souhait et surexploité dans les médias.

➤ *Page 14* : Le symbole de longévité et de puissance représenté par le requin blanc est très présent chez les populations asiatiques, à l'exemple de cet énergisant surcaféiné consommé par les chauffeurs de taxi à Bangkok.

➤ *Page 14* : Aucun requin ne possède une réputation aussi sinistre que celle du grand requin blanc.

➤ *Pages 14* : Un regard noir et inexpressif, une gueule capable d'avaler un être humain en entier, ce squale a tout pour effrayer. Chassée sans relâche par l'homme, son espèce est actuellement menacée d'extinction.

➤ *Pages 16-17* : Selon certains experts, des dents fossiles collectées dans des fosses abyssales prouveraient une extinction plus tardive du mégalodon (il y a 10 000 ans au lieu de 2 millions d'années).

➤ *Pages 18-19* : Les dents du mégalodon étaient conçues pour des grosses proies comme les baleines, nombreuses à sillonner les mers à cette époque. À gauche : dent de mégalodon ; à droite : dent de grand requin blanc.

➤ *Page 20* : La couleur du ventre du grand requin blanc contraste avec le teinte sombre de son dos. Cette disposition n'est pas le fruit du hasard et intervient dans le camouflage de l'animal…

➤ *Page 21* : La séquence de morsure est particulièrement visible chez le grand requin blanc. Elle dure moins d'une seconde.

➤ *Pages 22-23* : Les ampoules de Lorenzini (petits points noirs visibles sur le museau du squale) permettent au requin de détecter les champs magnétiques et sont d'une grande utilité pour la recherche de proie.

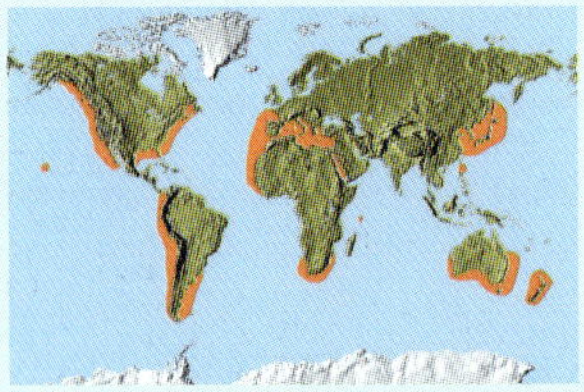

➤ *Page 24* : Carte de répartition du grand requin blanc.

➤ *Page 25* : Les grands requins blancs peuvent se comporter à l'occasion comme des charognards, à l'instar de ce spécimen dévorant une carcasse de baleine.

➤ *Pages 26-27* : Grand requin blanc saisissant une proie (Gansbaai, Afrique du Sud).

➤ *Pages 28-29* : Pendant les stimulations alimentaires, il a été observé un comportement de « bâillement aérien répétitif ». Cette attitude pourrait être la traduction d'un sentiment de frustration envers une proie difficile à attraper, ou une manœuvre d'intimidation.

➤ *Page 29* : La teinte de la partie dorsale des grands blancs est différente en fonction des individus, de leur âge et de leur taille. Elle peut varier du gris très clair chez les individus âgés, au noir anthracite, en passant par des nuances brunes.

➤ *Pages 30-31* : Grossi une fois et demi par l'optique du masque de plongée, le requin blanc apparaît sous l'eau comme une énorme locomotive. Une glisse muette et d'une extrême puissance passe à proximité de l'observateur...

➤ *Pages 32-33* : Les organes mâles sont situés sous les nageoires pelviennes et appelés ptérygopodes. Ils sont au nombre de deux et permettent de différencier aisément les mâles des femelles.

➤ *Page 34* : Contrairement à une idée répandue, la vue du requin est excellente et supérieure à celle de l'homme dans l'eau.

➤ *Page 34* : Tout le corps du requin blanc est connecté à son environnement par l'intermédiaire de cellules sensorielles, lui permettant ainsi de rester en éveil en permanence.

➤ *Page 35* : Les dents du grand requin blanc, grâce à un ingénieux système de tapis roulant, sont perpétuellement remplacées, la dent en retrait venant prendre la place de celle manquante.

➤ *Page 36* : Rodney Fox, célèbre pour avoir été victime d'une attaque spectaculaire de grand requin blanc en 1963, se lança par la suite dans l'étude de cet animal.

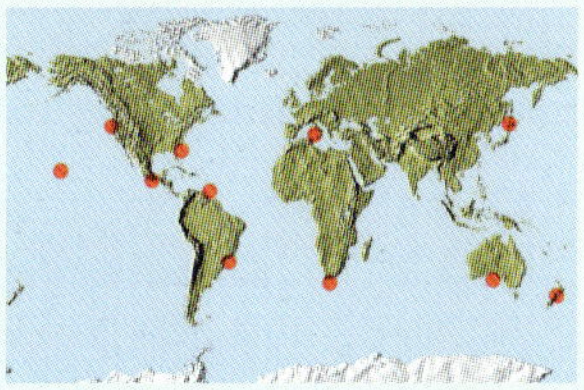

➤ *Page 37* : Carte des attaques de grands requins blancs.

➤ *Pages 38-39* : Les attaques de requins sont trop furtives pour permettre d'obtenir un document photo ou cinématographique.

➤ *Pages 40-41* : Le mythe du requin solitaire mangeur d'hommes a toujours été le prétexte à d'innombrables massacres perpétrés sur des milliers de squales.

➤ *Page 41* : Le mythe du requin solitaire mangeur d'hommes a toujours été le prétexte à d'innombrables massacres perpétrés sur des milliers de squales.

➤ *Pages 42-43* : Les attaques fatales de grand requin blanc sont très médiatisées sur le plan international. Bien qu'épisodiques, elles marquent toujours les esprits et provoquent souvent une réaction viscérale du public.

➤ *Page 44* : Le grand requin blanc a déjà été signalé de nombreuses fois en Méditerranée.

➤ *Page 45* : Le requin bouledogue est plus petit que le grand requin blanc et d'allure moins agressive. Il est néanmoins tout aussi dangereux.

➤ *Page 46* : En surface, un spécimen de belle taille vient à proximité du bateau. Les adultes sont moins farouches et nerveux que les jeunes. Ils savent que leur corpulence est un bon atout leur permettant de s'aventurer vers un intrus…

➤ *Page 47* : S'il est vrai que le grand requin blanc n'attaque généralement pas l'homme dans de telles conditions, il faut garder une marge de sécurité importante vis-à-vis de ce squale très puissant.

➤ *Pages 48-49* : Les grands requins blancs sont les rares squales (avec les requins makos) à être capables de sauts impressionnants hors de l'eau.

➤ *Page 50* : Manchot du Cap.

➤ *Page 50* : Otaries du Cap.

➤ *Page 51* : Lions de mer d'Australie (Dangerous Reef).

➤ *Pages 52-53* : Grand requin blanc attaquant un phoque (False Bay, Afrique du Sud).

➤ *Page 53* : Lion de mer d'Australie (Dangerous Reef).

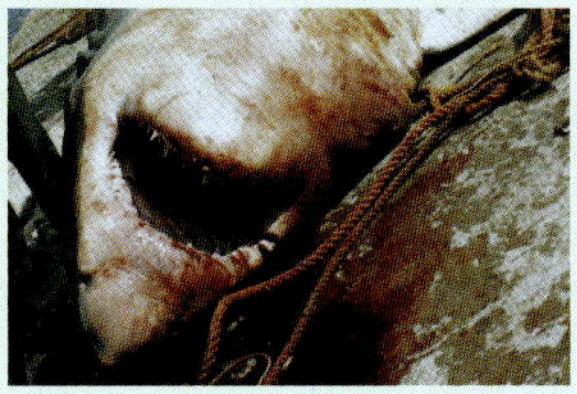

➤ *Page 54* : Les filets de pêche industrielle entrent pour une bonne part dans la mortalité du grand requin blanc.

➤ *Page 55* : Une mâchoire de cette taille peut atteindre plusieurs milliers de dollars à la vente.

➤ *Page 55* : Les multiples reportages sur le grand requin blanc ont permis de faire évoluer la mentalité du public sur cet animal et participent à une prise de conscience collective sur sa raréfaction.

➤ *Pages 56-57* : La survie à long terme en aquarium du grand requin blanc n'a jamais été possible. Les parcs aquatiques privilégient de plus petites espèces comme les requins taureau, gris ou pointe noire.

➤ *Page 57* : Grand requin blanc mangeant un appât (Australie).

➤ *Page 58* : Grand requin marteau.

➤ *Pages 58-59* : Requin tigre.

➤ *Pages 60-61 :* Requin taureau.

➤ *Page 61 :* Requin baleine.

➤ *Page 62 :* Requin pèlerin.

➤ *Page 63 :* Requin bleu.

Préambule

Le grand requin blanc… nul autre animal n'a provoqué autant de réactions viscérales. Son seul nom suffit pour réveiller une de nos peurs les plus ancestrales : être dévoré vivant par une gueule béante surgie des abysses.

Les hommes ont toujours été fascinés par l'étrange et le monstrueux, alliance propice à la répulsion et à l'incompréhension. De cette ignorance est née la peur ; de cette peur est né le mythe. Comme toute légende, celle du grand requin blanc repose sur des éléments infondés perdurant depuis des siècles. L'inconscient collectif, soutenu par une cinématographie dénaturée, a œuvré en faveur de raisonnements irrationnels et de comportements inadaptés.

Victime de sa suprématie biologique et de son faciès, le grand requin blanc conjugue à lui seul toutes les phobies animales que notre cerveau peut engendrer. Placide, énorme, ce seigneur ne nage pourtant que dans l'unique but d'assurer sa survie dans un espace fluide insondable.

Un squale mythique

L'image du requin a évolué tout au long de l'histoire. Déifié par les cultures indo-pacifiques, il passait auprès des populations pour un esprit bienfaisant dont la puissance n'avait d'égale que la sagesse. Dans les pays industrialisés ne vivant pas au contact permanent du milieu marin et de ses créatures, les requins eurent longtemps une réputation épouvantable. Au même titre que les Indiens d'Amérique, ils étaient les véritables gardiens d'un espace inconnu dont ils empêchaient la conquête. Les colonisateurs basculèrent rapidement dans la simplification, un bon requin étant un requin mort. Progressivement, les connaissances sur les squales avancèrent grâce à des naturalistes comme Rondelet au XVIe siècle, ou Linné et Lamarck au XVIIIIe siècle. Les différentes espèces furent décrites ainsi que leur biologie. Le requin redevenait peu à peu un poisson comme les autres et l'exploitation de son huile et de sa chair en était la meilleure preuve.

Au début des années 1970, la technologie et la découverte des fonds marins progressaient de pair. C'est alors, au moment où le voile de l'occultisme et de l'ignorance semblait se dissiper, qu'un homme vint nous rappeler à l'ordre : à la manière d'un psychanalyste à l'affût d'une rechute, il nous démontra que nos phobies étaient toujours actives, prêtes à resurgir à la moindre secousse. Cet homme, ce fut le romancier américain Peter Benchley qui écrivit, en 1974, *Jaws*, porté à l'écran et traduit en français par *Les dents de la mer*. Cette histoire, qui mettait en scène un grand requin blanc terrorisant les plages d'une station balnéaire de la côte est des États-Unis, eut un impact considérable sur des générations de baigneurs, impact probablement sous-estimé encore aujourd'hui. Un thème musical sinistre et un anthropomorphisme latent (une détermination aveugle et méchante attribuée à la bête) en constituèrent la recette imparable. Cela mit surtout au jour un nouveau type de mythe urbain, celui du monstre marin sanguinaire prenant possession de nos côtes maritimes et s'infiltrant dans le moindre espace aquatique. Jusqu'alors, cette menace concernait les pêcheurs aventureux ou les naufragés oubliés de tous en plein océan. Ici, l'esprit du livre – et plus encore du film – est clair : « Ne mettez pas les pieds dans l'eau, ne vous approchez pas même du bord, je suis là, je vous attends. Si vous voulez vous débarrasser de moi, il vous faudra me tuer, ainsi que tous ceux de mon espèce. » C'est ce message que le public de l'époque perçut, d'autant plus

Ci-contre : *L'imposant aileron du grand requin blanc symbolise la crainte inspirée par cet animal. Silencieusement, il fend la surface de l'eau comme un sabre et annonce la venue du squale.*

À droite : *Le cliché ultime de la bête, effrayant à souhait et surexploité dans les médias.*

intensément que la majorité des spectateurs n'avait jamais vu un grand requin blanc de leur vie !

En regardant attentivement le film, deux parties distinctes s'articulent : la première, de loin la plus terrifiante, se déroule sur la terre ferme, en pleine ville balnéaire où le moindre bain à cinquante centimètres du bord est proscrit par le monstre. La seconde décrit le combat en pleine mer entre les trois héros et le monstre, laissant la cité à l'abri des atrocités perpétrées par le requin. Tout est fait pour nous rappeler que notre confort moderne, nos acquis technologiques, nos certitudes quant à ce que doit être le monde ne sont rien face à la puissance de la nature. Cette « frilosité », révélatrice de notre culture occidentale, crée une angoisse intimement liée à notre sensation de vulnérabilité, sentiment nous menant souvent sur la voie du radicalisme.

Autour de ce thème du monstre marin vorace se construisit une cinématographie variée dans sa forme, mais très stéréotypée sur le fond. Parmi eux, citons *Piranhas* qui fit suite en 1977 au requin d'Amity pour envahir les cours d'eau américains, alors que sortait conjointement *Orca*, thriller anthropomorphique relatant le combat entre un pêcheur de Terre-Neuve et un épaulard.

Tous ces films, à quelques exceptions près, font l'apologie de l'intelligence de l'homme face à une nature hostile et dégénérée. Ils se terminent invariablement par la destruction tonitruante du monstre et le retour à la civilisation des héros ayant risqué leur vie. Si leur objectif premier de divertissement force à modérer les critiques, il demeure cependant une empreinte sur le psychisme des spectateurs, victimes malgré eux d'une image délétère s'associant aux cauchemars de leur subconscient.

Le massacre de millions de squales chaque année ne pouvait donc en aucun cas émouvoir l'opinion publique. À la faveur d'un marché florissant des ailerons de requins, les bateaux de pêche industrielle – notamment asiatique – sillonnent en permanence les mers. Une fois le cartilage prélevé, les corps mutilés encore vivants sont rejetés à l'eau.

La distance nous séparant de la nature semble augmenter au fil des années, les blessures profondes infligées par notre technologie ne faisant qu'exacerber cet état de fait. La scission entre l'homme et sa mère nourricière amplifie notre désir de créer un monde aseptisé, exempt de tout danger et totalement sous contrôle. De temps à autre, elle se manifeste et nous rappelle que les jeux ne sont pas faits. L'humilité, non pas soumise mais réfléchie, reste toujours de mise avec elle.

En haut : *Le symbole de longévité et de puissance représenté par le requin blanc est très présent chez les populations asiatiques, à l'exemple de cet énergisant surcaféiné consommé par les chauffeurs de taxi à Bangkok.*

À droite et ci-dessus : *Aucun requin ne possède une réputation aussi sinistre que celle du grand requin blanc. Un regard noir et inexpressif, une gueule capable d'avaler un être humain en entier, ce squale a tout pour effrayer. Chassée sans relâche par l'homme, son espèce est actuellement menacée d'extinction.*

Mégalodon

le cousin géant du Crétacé

Pour qui s'intéresse aux requins et à la paléontologie, *Carcharocles megalodon* (littéralement « requin à grandes dents ») constitue un animal mythique. Il est auprès du public, avec le tyrannosaure, le plus spectaculaire des animaux préhistoriques. Il y a 20 millions d'années, durant le Miocène et le Pliocène, il fut le plus grand prédateur que les océans connurent.

L'existence passée d'un tel monstre nous fut révélée par des dents fossiles, seules traces que laissent les requins lorsqu'ils meurent (leur squelette cartilagineux se décompose). Pour les plus grandes, leur taille excédait 18 centimètres ce qui, par le lien qui existe entre les dimensions de l'animal et la taille de ses dents, permettait d'évaluer sa longueur à environ 18 mètres. Sa masse devait dépasser les 20 tonnes. Il était vraisemblablement capable de fréquenter les mers chaudes comme les mers froides et vivait au large en eaux assez profondes.

Personne ne sait vraiment à quoi ressemblait *Carcharocles megalodon*. Sa morphologie générale est extrapolée d'après celle de notre grand requin blanc actuel *(Carcharodon carcharias)*, bien que les liens de parenté entre les deux espèces soient discutés. L'apparition du grand requin blanc actuel est estimée à environ 5 millions d'années. Les deux requins se sont donc côtoyés pendant au moins 3 millions d'années et ont probablement partagé les mêmes eaux.

Selon certains experts, des dents fossiles collectées dans des fosses abyssales prouveraient une extinction plus tardive du mégalodon (il y a 10 000 ans au lieu de 2 millions d'années), suggérant que les hommes de l'époque auraient pu le côtoyer.

Une filiation existerait entre le mégalodon et le requin taureau *(Eugomphodus taurus)* ou le requin mako *(Isurus oxyrinchus)*, appartenant tous deux au même ordre que le grand requin blanc. Quant à ce dernier, il pourrait être issu d'un requin mako géant préhistorique.

Pourquoi de tels prédateurs se sont-ils éteints ? Tout d'abord, comme souvent chez les individus situés au sommet de la chaîne alimentaire, ils devaient être peu nombreux. Bien que leur règne ait duré plus de 20 millions d'années, d'autres prédateurs ont su évoluer, s'organiser et ont probablement supplanté les mégalodons, à l'exemple des orques. D'autre part, des changements climatiques et écologiques ont eu lieu il y a 2 millions d'années, réduisant considérablement la population des cétacés dans les mers du globe. Les ressources alimentaires des mégalodons auraient donc diminué et ces derniers n'auraient pas trouvé les capacités nécessaires pour s'adapter.

Enfin, si le mégalodon est le représentant le plus emblématique des requins préhistoriques, il n'en demeure pas moins un nouveau-né sur l'échelle de l'évolution. La naissance des requins remonterait à plus de 400 millions d'années, où 3 000 espèces apparurent au fil des temps et se partagèrent le milieu aquatique. Sur ces 3 000 espèces, un peu plus de 350 nous sont parvenues et survivent toujours.

Les dents du mégalodon étaient conçues pour des grosses proies comme les baleines, nombreuses à sillonner les mers à cette époque. Ce requin était un prédateur rapide dévorant tortues et mammifères géants sur son passage. À gauche : dent de mégalodon ; à droite : dent de grand requin blanc.

Une physiologie

à toute épreuve

Un corps lourd et fuselé, un museau conique, un aileron triangulaire, des yeux noirs et inexpressifs… le requin blanc est reconnaissable entre tous. Ce pur miracle de l'évolution surclasse tous les autres squales par sa beauté et sa puissance. D'une longueur moyenne de 5 mètres, sa taille est souvent exagérée et les experts s'accordent à dire que celle-ci ne dépasse généralement pas 6 mètres.

Le grand requin blanc *(Carcharodon carcharias)* appartient à la classe des Chondrichthyens (poissons cartilagineux), ordre des Lamniformes, famille des Lamnidés. Grand blanc, mort blanche, *white pointer, great white shark* sont ses appellations les plus communément retrouvées selon les régions du globe.

Sa distribution est cosmopolite ; on peut donc le rencontrer dans presque toutes les mers du globe. Cependant, certaines zones ont sa préférence, comme la mer Méditerranée, la mer Rouge, l'Afrique du Sud, les Seychelles, l'île de la Réunion, l'île Maurice, la mer de Chine, l'Australie méridionale, la Nouvelle-Zélande, la Nouvelle-Calédonie, Hawaii, les côtes est et ouest des États-Unis, la côte ouest de l'Amérique du Sud et les côtes brésiliennes et argentines. Ses eaux de prédilection sont tempérées, mais des individus ont été signalés dans les mers tropicales et boréales (Alaska, Canada).

À droite : *La séquence de morsure est particulièrement visible chez le grand requin blanc. Elle dure moins d'une seconde.*

Ci-dessous : *La couleur du ventre du grand requin blanc contraste avec le teinte sombre de son dos. Cette disposition n'est pas le fruit du hasard et intervient dans le camouflage de l'animal : vu d'en haut, le dos se confond avec le fond de la mer ; vu d'en dessous, le requin s'intègre avec la luminosité de la surface.*

AMÉRIQUE
DU NORD
HAWAII
EUROPE
AFRIQUE
AMÉRIQUE
DU SUD

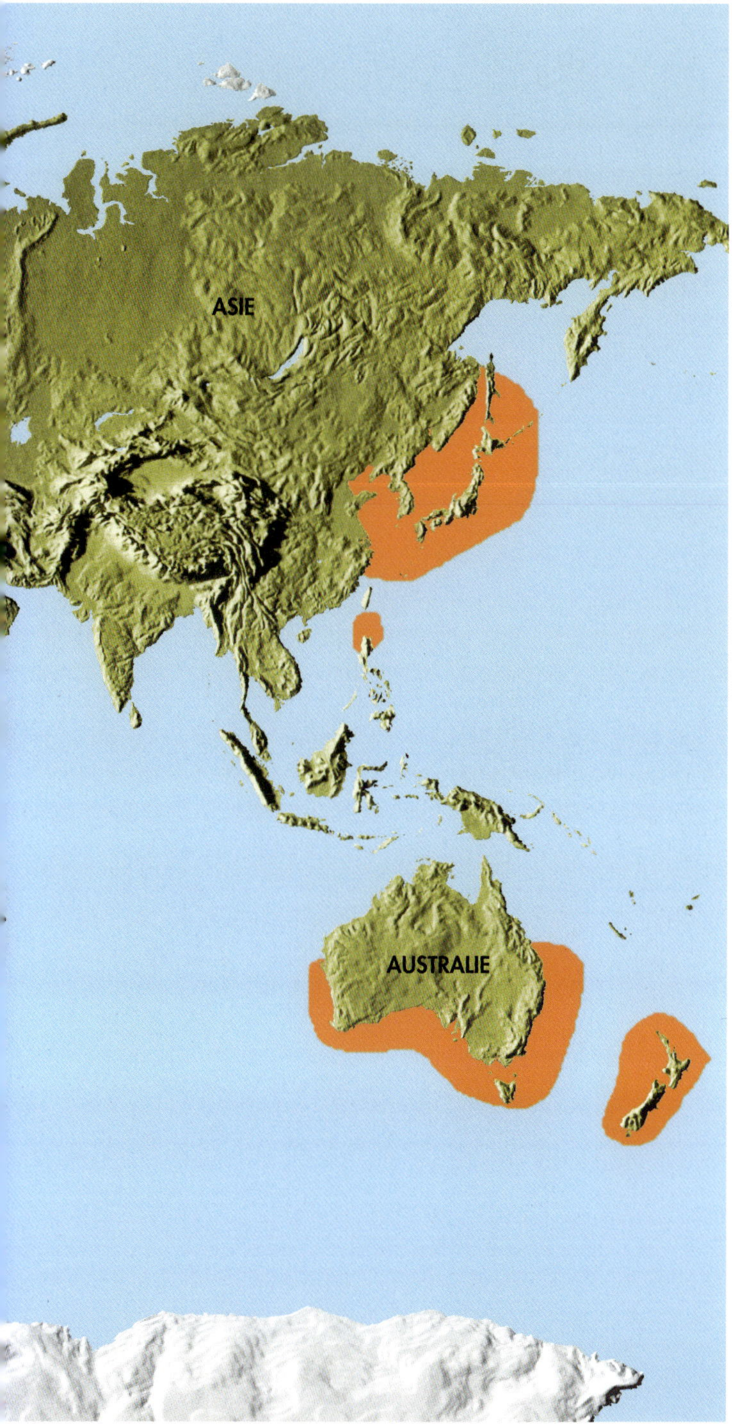

L'habitat de ce requin est principalement côtier mais peut également être pélagique (haute mer). Il patrouille sur de longues distances, tout en étant capable d'effectuer des pointes de vitesse grâce à sa puissante nageoire caudale. Afin d'assurer son oxygénation, il doit nager sans arrêt et laisser filtrer le flux d'eau à travers ses branchies. Un foie volumineux lui permet une excellente flottabilité et une grande autonomie lors des périodes de jeun, grâce aux réserves d'huile contenues dans cet organe. Sa zone d'évolution se situe entre la surface et 250 mètres de profondeur (il peut néanmoins plonger bien plus profond). Le grand blanc voyage souvent seul ou en petit groupe (de deux à six individus).

Pages précédentes : *Les ampoules de Lorenzini (petits points noirs visibles sur le museau du squale) permettent au requin de détecter les champs magnétiques et sont d'une grande utilité pour la recherche de proie.*

Ci-contre : *Carte de répartition du grand requin blanc.*

Ci-dessous : *Les grands requins blancs peuvent se comporter à l'occasion comme des charognards, à l'instar de ce spécimen dévorant une carcasse de baleine.*

Ses mâchoires sont des armes absolues : elles peuvent produire une pression de 5 tonnes au centimètre carré (comparativement, un humain n'atteint que 220 kg/cm^2). Lors de la morsure, son cône nasal se relève et dévoile sa gencive supérieure. L'avancée des deux mâchoires est actionnée par des muscles puissants et rendue possible par leur indépendance vis-à-vis du crâne. Un impressionnant tapis de dents triangulaires en perpétuel renouvellement est alors prêt à s'emparer de la proie.

Son corps est pourvu de denticules dermiques lui donnant un grand pouvoir abrasif. Ils sont remplacés en permanence et jouent un rôle important dans l'hydrodynamisme du requin.

L'alimentation du grand requin blanc est composée de mammifères marins (phoques, otaries, éléphants de mer, dauphins) et de poissons (y compris raies et requins). Il se laisse également tenter à l'occasion par des tortues et des oiseaux de mer ou peut se comporter comme un charognard. Il est probable que ce requin puisse se priver de manger pendant de très longues périodes.

Il pourrait être assimilé à un animal à sang chaud : par un ingénieux dispositif de vaisseaux capillaires, il conserve sa chaleur corporelle autour du cerveau, de l'estomac et des muscles de nage. Cela lui permet d'élever sa température corporelle de quelques degrés au-dessus de celle de l'eau, lui conférant des performances hydrodynamiques remarquables en eau froide, là où d'autres requins verraient leur métabolisme handicapé.

C'est un chasseur hors pair, essentiellement diurne, capable de sauts impressionnants hors de l'eau lorsqu'il poursuit une proie. Il a également la possibilité de sortir entièrement sa tête hors de l'eau. Ce

Ci-contre : *Grand requin blanc saisissant une proie (Gansbaai, Afrique du Sud).*

comportement pourrait être une attitude « d'espionnage » et de visualisation d'objets sur la berge.

Une fois la proie repérée, le squale va entreprendre une approche vers elle afin de l'évaluer. Puis l'attaque va survenir, horizontale ou verticale (cette dernière, venant d'en dessous, est très efficace). La morsure peut n'être qu'investigatrice (l'animal goûte la chair pour juger de sa qualité gustative), mais néanmoins mortelle dans la plupart des cas. La victime va rapidement mourir d'hémorragie, le requin dévore alors sa proie en toute quiétude. Toutefois, si la proie a une attitude défensive acharnée ou si son potentiel énergétique (teneur en lard en particulier) n'est pas suffisant, le requin peut décider de relâcher sa proie et la laisser s'enfuir. C'est le cas de beaucoup d'attaques sur humains, victimes de « simples » morsures d'investigation, malheureusement très destructrices.

Lors de regroupements alimentaires de grands requins blancs (charogne de cétacés, pinnipèdes), la place de chacun semble obéir à un ordre lié à la taille des individus, les plus grands se servant les premiers. Cette hiérarchie à expression non violente (abaissement des nageoires pectorales, éclaboussement de caudale, nage côte à côte…) prouverait l'existence d'une organisation sociale chez les grands requins blancs.

L'ovoviviparité est de règle : les œufs se développent à l'intérieur de l'utérus et se nourrissent des réserves vitellines (jaune de l'œuf). À leur naissance, les juvéniles ont une taille d'environ 1,20 mètre et sont au nombre de deux à dix par portée. Ils ne reçoivent aucun soin de leur mère, leur taille leur permettant de se débrouiller seuls d'emblée. Cependant, certains seront victimes d'autres prédateurs et n'atteindront jamais l'âge adulte. La durée de gestation reste inconnue. On la suppose lente, peut-être plus d'un an. Une femelle ne produirait que quatre à six portées au cours de sa vie, ce qui contribue à la raréfaction de l'espèce. La longévité du grand requin blanc est estimée à plus de trente ans.

Ses seuls prédateurs connus sont l'homme et l'orque.

Ci-contre : *Pendant les stimulations alimentaires, il a été observé un comportement de « bâillement aérien répétitif ». Cette attitude, au cours de laquelle le requin a la tête hors de l'eau et ouvre sa gueule de manière répétée, pourrait être la traduction d'un sentiment de frustration envers une proie difficile à attraper, ou une manœuvre d'intimidation.*

Ci-dessous : *La teinte de la partie dorsale des grands blancs est différente en fonction des individus, de leur âge et de leur taille. Elle peut varier du gris très clair chez les individus âgés, au noir anthracite, en passant par des nuances brunes.*

L'équipement sensoriel

un ordinateur de chasse intégré

Le grand requin blanc est un véritable radar en perpétuel mouvement. Son instinct de chasse est secondé par ce qui se fait de mieux en matière de détection de proie.

La perception des vibrations : le système acoustico-latéral

Il est composé de l'oreille interne, de la ligne latérale et des cryptes sensorielles. La ligne latérale est une discrète bande s'étirant sur les deux flancs et projetant des ramifications vers les yeux et le museau. Il s'agit d'une série de cellules sensorielles en communication avec le milieu ambiant par l'intermédiaire de pores cutanés. Cette structure permet au requin de percevoir les vibrations (ondes de pression) émises, entre autres, par des proies blessées à grande distance, les sons basse fréquence ainsi que les courants marins.

L'olfaction

Les narines sont situées sous le museau, en avant de la bouche. Une membrane les obture en leur milieu et délimite deux orifices par lesquels s'écoule un flux d'eau permanent. Quand un requin a détecté une

Ci-contre : *Grossi une fois et demi par l'optique du masque de plongée, le requin blanc apparaît sous l'eau comme une énorme locomotive. Une glisse muette et d'une extrême puissance passe à proximité de l'observateur sans que le calme de l'espace aquatique en semble altéré.*

Pages suivantes : *Les organes mâles sont situés sous les nageoires pelviennes et appelés ptérygopodes. Ils sont au nombre de deux et permettent de différencier aisément les mâles des femelles.*

substance stimulante (du sang par exemple), il remonte le « couloir » olfactif de sa nage ondulante, ce qui lui permet de stimuler alternativement ses deux narines et de localiser la proie. Ce sens est particulièrement développé chez le grand requin blanc.

La vue

L'œil du requin a une structure proche de celle des vertébrés. Il possède néanmoins une structure particulière au niveau de sa rétine : le *tapetum lucidum*. Ce dispositif joue le rôle d'une plaque réfléchissante en augmentant l'acuité visuelle en faible luminosité. La vision du grand blanc est colorée et demeure à prédominance diurne. Ce requin ne possède pas de membrane nictitante (membrane protectrice recouvrant l'œil de certaines espèces lors de la morsure), mais révulse son globe oculaire pour le protéger. La vision du requin est supérieure à celle de l'homme dans l'eau.

La perception électro-magnétique : les ampoules de Lorenzini

Ce sont des canaux emplis de gelée et s'abouchant à l'extérieur par des pores, nettement visibles sur le museau et autour des yeux. Ils permettent la détection de champs électriques de faible intensité (battements de cœur, contractions musculaires) à proximité des proies. Ils interviennent aussi dans la navigation grâce aux champs magnétiques terrestres (rôle de compas).

Le toucher : les cryptes sensorielles

Elles font partie du système acoustico-latéral. Ce sont de petites dépressions réparties sur l'ensemble du dos et de la queue, contenant des cellules sensorielles. Elles procurent à l'animal des sensations tactiles lors de frottements ainsi qu'une perception de la composition chimique de l'eau (salinité notamment).

Le goût

Grâce à des cellules spécialisées tapissant la bouche et le pharynx, le requin peut apprécier la qualité gustative de sa proie.

En haut : *Contrairement à une idée répandue, la vue du requin est excellente et supérieure à celle de l'homme dans l'eau.*

Ci-dessus : *Tout le corps du requin blanc est connecté à son environnement par l'intermédiaire de cellules sensorielles, lui permettant ainsi de rester en éveil en permanence.*

À droite : *Les dents du grand requin blanc, grâce à un ingénieux système de tapis roulant, sont perpétuellement remplacées, la dent en retrait venant prendre la place de celle manquante.*

Les attaques de grand requin blanc

du fantasme à la réalité

Extrêmement médiatisées, surexploitées au cinéma, les attaques de grands requins blancs sur l'homme restent rares et très épisodiques. Le développement des sports nautiques, les moyens de transports facilités à travers le monde et la couverture des médias ont provoqué une relative augmentation du nombre d'agressions. Parallèlement, le nombre d'accidents mortels diminuait grâce au développement des services d'urgence et de la connaissance des gestes de sauvetage.

Les statistiques

Plusieurs organismes recensent le nombre d'attaques de requins à travers le monde. L'International Shark Attack File (ISAF) a dressé un récapitulatif des différentes agressions dues à des requins à travers le monde. Leur banque de données permet de visualiser instantanément la cartographie des attaques en fonction des régions du globe.

Les facteurs déterminant la survenue d'une attaque

• Le risque de rencontre avec un requin

Après analyse d'attaques ou de drames comme les naufrages, les facteurs pouvant attirer un requin vers un humain dans l'eau ont été en partie déterminés :

– un objet flottant en surface : tout corps en surface excite la curiosité du requin. C'est le cas du naufragé, du plongeur attendant son tour pour monter sur le bateau ou du nageur ;

Ci-dessous : *Rodney Fox, célèbre pour avoir été victime d'une attaque spectaculaire de grand requin blanc en 1963, se lança par la suite dans l'étude de cet animal.*

Pages suivantes : *Les attaques de requins sont trop furtives pour permettre d'obtenir un document photo ou cinématographique. Une des rares attaques de grand requin blanc filmées fut celle survenue en 2001 près d'une plage de Durban en Afrique du Sud, à quelques mètres du rivage. Le jeune surfeur en réchappa quasiment indemne.*

Attaques confirmées de grands requins blancs entre 1876 et 2004

Régions	Total attaques	Attaques mortelles	Dernière attaque mortelle
Afrique du Sud	46	8	2004
Amérique du Sud	3	0	–
Australie	37	26	2004
Caraïbes	1	0	–
Côte est États-Unis	7	4	1957
Côte ouest États-Unis	80	7	2004
Hawaii	1	0	–
Japon	2	2	2000
Méditerranée	22	10	1984
Mexique	1	1	1973
Nouvelle-Zélande	10	3	1968
Autres	2	0	–
Total mondial	**212**	**61**	**2004**

Ci-dessus et ci-contre : *Le mythe du requin solitaire mangeur d'hommes a toujours été le prétexte à d'innombrables massacres perpétrés sur des milliers de squales.*

– la couleur vive et contrastée : elle attire l'œil du squale, notamment le jaune et l'orange ;

– la présence de sang : les naufragés blessés, les chasseurs sous-marins ramenant une prise et les femmes en période menstruelle sont particulièrement concernés ;

– l'agitation et les vibrations : ces stimuli sont perçus immédiatement par la ligne latérale du requin et sont pour lui un puissant signal. C'est le cas des grands naufrages, avec le fracas des coques et l'agitation des rescapés. Cela concerne également le poisson encore vivant ramené par un chasseur et conservant des mouvements spasmodiques ;

– la présence de champs magnétiques : l'organe de Lorenzini présent sur le museau des squales détecte les champs magnétiques émis par tout être vivant. Cela est aussi valable pour les objets métalliques comme les hélices ou l'appareillage électronique d'un bateau ou d'un plongeur.

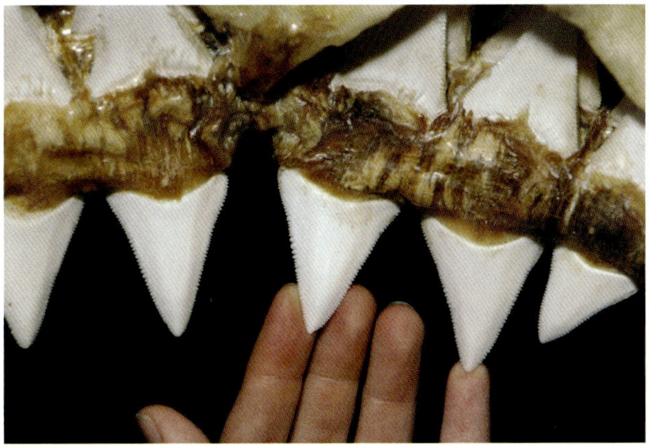

À gauche et ci-dessus : *Les attaques fatales de grand requin blanc sont très médiatisées sur le plan international. Bien qu'épisodiques, elles marquent toujours les esprits et provoquent souvent une réaction viscérale du public.*

• Les différentes possibilités

En supplément des facteurs précédemment cités, d'autres situations peuvent influer sur la rencontre d'un humain avec un grand requin blanc.

Plusieurs configurations peuvent se présenter :

– absence de requin blanc dans les parages : cas le plus probable du fait de la rareté de l'animal ;

– désintéressement : le requin passe son chemin ;

– approche avec ou sans contact : le requin peut décider de venir examiner de plus près l'intrus. Cela peut aller du passage à proximité de la proie jusqu'au frôlement, ou au contact plus franc ;

– charge avec morsure d'investigation : l'attaque survient, laissant une blessure généralement très délabrante et rapidement mortelle en cas d'hémorragie massive. Le but du requin est de vérifier si la proie est à son goût et de l'affaiblir. L'homme est « théoriquement » trop maigre pour le grand blanc et les attaques s'arrêtent généralement à ce stade ;

– charge avec attaque acharnée : le requin décide de consommer entièrement sa proie et revient le nombre de fois nécessaire pour sa mise à mort. Dans le cas où la proie est un humain, il pourrait s'agir de grands requins blancs affamés.

• Analyse des facteurs incriminés dans les attaques

Plusieurs attaques survenues dans des circonstances similaires ont poussé les scientifiques à rechercher des dénominateurs communs entre les différentes agressions. Ils ont ainsi pu déterminer certains facteurs favorisant une attaque de requin blanc et prodiguer des conseils préventifs pour limiter la survenue de tels drames :

– l'heure de la journée : la majorité des attaques ont lieu entre 8 heures et 18 heures. Cette fourchette horaire correspond aux activités nautiques humaines ;

– le type d'activité pratiquée : les deux sports se partageant 70 % des attaques sont le surf et la natation. Dans le cas du surf, on a longtemps pensé qu'il s'agissait d'agressions « par erreur », le surfeur à califourchon sur sa planche ressemblant à une tortue ou un phoque vu d'en dessous. Il semblerait que cette hypothèse, actuellement controversée, sous-estime la vision du squale. Certains ont suggéré que ce type d'agression (choc direct, frôlement) pourrait être une forme de jeu. La plongée avec scaphandre ne représente que 2 % des attaques.

– l'âge et le sexe : la plupart des victimes sont âgées de 15 à 30 ans et sont de sexe masculin, profil correspondant à la pratique du surf ;

– la race : 95 % des victimes sont de race blanche (type caucasien), indiquant une large fréquentation de l'espace marin par ce type de population.

– profondeur et température de l'eau : presque toutes les attaques surviennent dans moins de 2 mètres d'eau. La fourchette de température des attaques est comprise entre 12 et 24 °C, correspondant à celle des eaux fréquentées par le grand blanc.

– taille du requin : 75 % des attaques sont provoquées par des individus de plus de 3 mètres. Plus le requin est grand, plus la morsure est sévère et les chances de survie minimes.

La théorie du rogue

Alliant territorialité et individualité, cette hypothèse fut avancée en 1958 par Victor Coppleson, à la suite d'une longue étude sur les attaques de requins à travers le monde. Ce chirurgien australien tenta de comprendre les motivations des requins lors d'agressions sur humains. Il avait notamment observé des similitudes lors de divers accidents concernant des nageurs, surfeurs, plongeurs ou rescapés de naufrages. Il acquit la conviction que plusieurs de ces agressions, survenues dans la même zone et parfois à quelques années d'intervalle, étaient le fait d'un seul et même requin, surnommé « rogue » (« vagabond »). Ce rogue était supposé être un requin solitaire, malade ou affamé, et sévissant sur le même site où il développait un penchant pour la chair humaine. De tels cas furent effectivement constatés sur plusieurs plages australiennes.

Même si cette théorie semble aujourd'hui obsolète, elle sert parfois de fondement à certaines « chasses à la bête » dans le cas d'attaques répétées.

Le grand requin blanc en Méditerranée

Contrairement à une idée répandue, le grand requin blanc n'est pas seulement l'apanage des destinations exotiques et des spots de surf. Sa présence en mer Méditerranée est connue depuis longtemps, comme le confirment les nombreux témoignages de plongeurs, baigneurs et marins-pêcheurs. La plupart de ces signalements sont dignes de foi. Des confusions à distance avec le requin pèlerin peuvent parfois être commises. À ce jour, près de 500 observations ont été enregistrées sur le pourtour méditerranéen. La mer Adriatique, les côtes tunisiennes et siciliennes semblent être le théâtre de la plupart des agressions dues à ce requin.

Les autres agresseurs

Stigmatisé par tous, le grand requin blanc est loin d'être le seul requin capable d'attaquer l'homme. Certaines agressions lui sont injustement attribuées, laissant dans l'ombre des requins plus petits et moins charismatiques. C'est le cas du requin bouledogue *(Carcharhinus leucas)*, également appelé requin du Zambèze pour sa faculté à remonter les estuaires troubles des rivières. Il est probablement le requin le plus dangereux de tous et son acharnement sur ses victimes est renommé.

Le second sur la liste est le requin tigre *(Galeocerdo cuvier)* facilement reconnaissable à sa tête ronde et à ses bandes foncées le long du corps. Il a la réputation d'être un grand charognard et de s'attaquer parfois aux bateaux de pêcheurs.

À droite : ***Le requin bouledogue est plus petit que le grand requin blanc et d'allure moins agressive. Il est néanmoins tout aussi dangereux.***

Ci-dessous : ***Le grand requin blanc à déjà été signalé de nombreuses fois en Méditerranée.***

Le tourisme

autour du grand requin blanc

En dépit d'une distribution généralisée sur tous les océans du globe, les sites d'observation de grands requins blancs restent très rares. Quatre « spots » se partagent les faveurs des plongeurs et des expéditions scientifiques : les Farallon et les Channel Islands près des côtes californiennes, l'Isla Guadalupa sur la côte pacifique du Mexique, Dangerous Reef et Neptune Islands en Australie méridionale et les sites de False Bay, Dyer Island et Mossel Bay en Afrique du Sud.

La controverse

Toutes les activités touristiques ayant trait à l'observation des animaux en milieu naturel sont dans la ligne de mire des associations écologistes. Le manquement aux règles de base et l'irrespect de l'environnement durant des années en sont probablement responsables. Devant la raréfaction actuelle de certaines espèces, voire leur disparition pure et simple, des mesures de protection et des règles d'approche des animaux ont été mises en place.

L'incursion brutale de l'homme dans l'espace vital du requin peut en effet faire l'objet de polémiques : bruits assourdissants des moteurs hors-bord répercutés dans l'eau, hélices provoquant de sérieuses blessures aux animaux, champ magnétique des cages métalliques. Nombre de ces comportements sont discutables. L'utilisation de liquide sanguinolent, nécessaire

À droite : *S'il est vrai que le grand requin blanc n'attaque généralement pas l'homme dans de telles conditions, il faut garder une marge de sécurité importante vis-à-vis de ce squale très puissant. Une cage est donc indispensable pour calmer une appréhension légitime.*

Ci-dessous : *En surface, un spécimen de belle taille vient à proximité du bateau. Les adultes sont moins farouches et nerveux que les jeunes. Ils savent que leur corpulence est un bon atout leur permettant de s'aventurer vers un intrus sans grand danger.*

pour attirer les requins et laissé à l'appréciation du guide animalier, donne souvent une impression délétère de « numéro de cirque », impression pouvant être renforcée par la présence de plusieurs bateaux sur un site au quadrillage exigu.

Tous ces facteurs laissent perplexes les défenseurs du milieu marin ainsi que certains scientifiques redoutant une modification comportementale des requins à long terme. Ce type d'expédition a néanmoins permis de faire progresser les connaissances sur le grand requin blanc et de modifier son image auprès du public.

La critique et la discussion restent ouvertes quant aux modalités de ce type de tourisme.

L'observation des grands requins blancs en Afrique du Sud : l'exemple d'André Hartman

Ce Sud-Africain, ancien apnéiste en équipe nationale, vit dans le village de pêcheurs de Gansbaai, à 2 heures de route de Capetown. Il a été l'un des premiers à tenter un contact direct avec les grands requins blancs. André Hartman a acquis au fil des ans une grande expérience de terrain avec ces mastodontes et a démontré que le contact physique avec eux était possible, non seulement depuis un bateau, mais également en pleine eau sans aucune protection. Cet apprentissage qui, à une autre époque, aurait pu passer pour totalement suicidaire, a modifié considérablement la vision du public à propos de la

Pages précédentes : *Les grands requins blancs sont les rares squales (avec les requins makos) à être capables de sauts impressionnants hors de l'eau.*

En haut : *Manchot du Cap.*

Ci-contre : *Otaries du Cap.*

À droite : *Lions de mer d'Australie (Dangerous Reef).*

prétendue férocité du grand blanc. Le monstre se laissait enfin apprivoiser et chevaucher comme un dauphin. Depuis plus de 20 ans, cet amoureux des grands squales a testé et ritualisé cette magie entre deux espèces dominantes du globe : l'homme et le grand requin blanc.

Vingt minutes de bateau sont nécessaires pour rejoindre la réserve nationale de Dyer Island depuis Gansbaai. Le site est composé de deux îlots séparés par un court passage nommé « Shark alley » que les grands squales empruntent pour chasser les otaries.

Malgré des conditions climatiques parfois difficiles, le meilleur moment pour observer les grands requins blancs se situe d'avril à août, période pendant laquelle ils se rassemblent autour de Dyer Island. La température de l'eau dans cette zone ainsi que la présence de très nombreuses otaries sont probablement déterminantes pour expliquer l'importance de leur nombre.

Ci-contre : *Grand requin blanc attaquant un phoque (False Bay, Afrique du Sud).*

Ci-dessous : *Lion de mer d'Australie (Dangerous Reef).*

Le grand requin blanc

menacé d'extinction ?

Peu d'animaux ont payé aussi cher le prix de leur image. Les grands félins, les loups et les gorilles d'Afrique sont leurs compagnons d'infortune, mais aucun n'a été massacré à une aussi grande échelle que les requins. Cent à deux cents millions de squales sont abattus chaque année, toutes espèces confondues ; que l'homme puisse infliger en toute impunité de si lourdes pertes à une espèce animale semble pour le moins préoccupant.

Le grand blanc est beaucoup plus rare que la plupart des autres requins. Sa vulnérabilité tient à un rythme lent de reproduction et de croissance, une maturité sexuelle tardive, ainsi qu'à une longue période de gestation.

Les trophées sanguinolents de grands squales, exhibés sur les ponts de bateaux de pêche sportive, contribuent à une mortalité devenue alarmante. Le commerce d'ailerons et le trafic de colifichets (une mâchoire de grand requin blanc en parfait état peut se négocier jusqu'à 50 000 dollars) en sont les causes majeures. Les prises accidentelles dans les filets, le déclin numérique de ses proies et la dégradation de son habitat participent également à sa raréfaction.

Les tentatives de maintien en captivité se sont toutes soldées par des échecs. L'instinct de prédation et la taille imposante de ce requin rendent à l'évidence sa conservation en bassin totalement inepte. Récemment, l'aquarium de Monterey en Californie a pu accueillir pendant 7 mois une jeune femelle avant de la relâcher en mer.

Les filets de pêche industrielle entrent pour une bonne part dans la mortalité du grand requin blanc.

Si l'on ignore le nombre exact d'individus encore vivants, on sait en revanche que la population mondiale du grand requin blanc décline de manière très importante et pourrait être menacée d'extinction si aucune mesure n'est prise. Nul ne sait les conséquences écologiques que pourrait avoir une telle disparition. En 1991, l'Afrique du Sud a été la première nation à protéger officiellement le grand requin blanc. Elle a été rejointe en 1993 par la Namibie et la Californie, en 1997 par l'Australie et en 1999 par l'Italie et l'île de Malte.

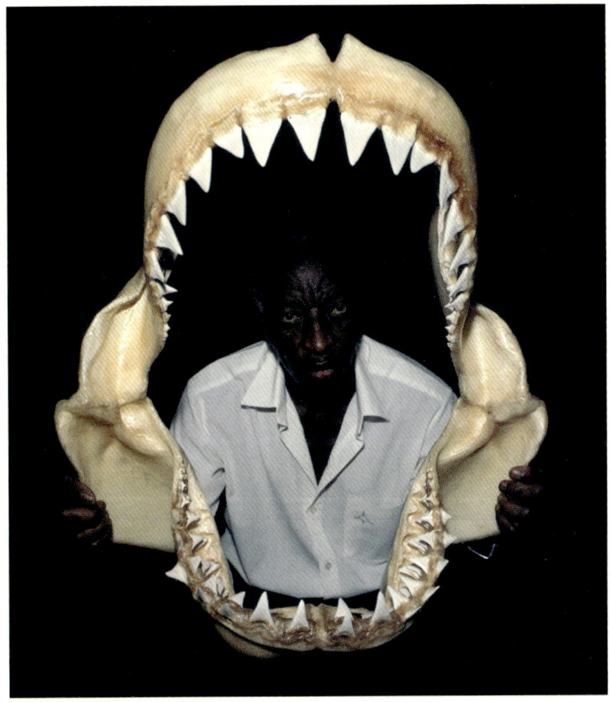

Ci-contre : *Une mâchoire de cette taille peut atteindre plusieurs milliers de dollars à la vente.*

Ci-dessous : *Les multiples reportages sur le grand requin blanc ont permis de faire évoluer la mentalité du public sur cet animal et participent à une prise de conscience collective sur sa raréfaction.*

Nous devons prendre conscience que certaines créatures, réputées dangereuses pour l'homme, n'obéissent qu'à des lois de survie ancestrales, antérieures à notre avènement sur Terre, et que notre comportement à leur égard doit nous être dicté par une introspection profonde sur notre vraie nature.

Bientôt, si rien n'est entrepris pour le sauver, le dernier représentant des mastodontes aquatiques aura disparu, emportant avec lui notre désir de croire en des êtres fantasmagoriques, jolis monstres hantant nos rêves éveillés.

Ci-contre : *La survie à long terme en aquarium du grand requin blanc n'a jamais été possible. Les parcs aquatiques privilégient de plus petites espèces comme les requins taureau, gris ou pointe noire.*

Ci-dessous : *Grand requin blanc mangeant un appât (Australie).*

Quelques espèces de requins

Le requin tigre *(Galeocerdo cuvier)* **:** grand requin fréquentant les eaux tropicales, il possède une robe striée de bandes transversales brunes, très visibles chez les jeunes spécimens. Il vit la journée à grande profondeur et remonte vers la surface à la nuit pour chasser. Son aspect très gracieux fait oublier sa dangerosité à l'égard de l'homme. Charognard, il avale tout sur son passage (y compris des objets métalliques) et ses attaques sur des embarcations lui ont valu une mauvaise réputation. Sa longueur peut dépasser 7 mètres.

Le grand requin marteau *(Sphyrna mokarran)* **:** c'est le plus grand des requins marteaux. Sa nageoire dorsale est très haute. Répandu en eaux tropicales, c'est un maraudeur solitaire. Sa longueur peut dépasser 6 mètres.

Le requin bouledogue *(Carcharhinus leucas)* **:** moins impressionnant que le grand requin blanc ou le requin tigre, il est pourtant tout aussi dangereux. Fréquentant

Ci-contre : *Requin tigre.*

Ci-dessous : *Grand requin marteau.*

également les eaux tropicales, il a la réputation de s'acharner sur ses proies. Il possède une prédilection pour les estuaires des fleuves qu'il peut remonter sur des milliers de kilomètres grâce à une très bonne tolérance aux variations de salinité. Sa longueur n'excède pas 3,50 mètres. (Voir photo p. 45.)

Requin taureau *(Eugomphodus taurus)* **:** nageant en permanence la gueule ouverte, il est facilement reconnaissable grâce à ses dents très effilées. Malgré cet aspect féroce, sa réputation est très injustifiée et il n'attaque que s'il est provoqué. Il se déplace en bancs et survit très bien en aquarium. Sa longueur n'excède pas 3,20 mètres.

Requin baleine *(Rhincodon typus)* **:** avec ses 18 mètres de longueur, il est considéré comme étant le plus grand poisson du monde. Il fréquente les eaux tropicales et est parfois rencontré en surface. Totalement inoffensif, il se nourrit exclusivement de plancton et de petits poissons.

Ci-dessus : ***Requin baleine.***

Ci-contre : ***Requin taureau.***

Requin mako *(Isurus oxyrinchus)* : ce cousin du grand requin blanc est doté d'un museau très pointu et de longues dents saillantes. Il est capable de vitesses de pointe fantastiques (80 km/h) et de bonds hors de l'eau très impressionnants. C'est surtout un habitant de pleine mer très apprécié des pêcheurs sportifs. Sa taille peut atteindre 4 mètres.

Requin pèlerin *(Cetorhinus maximus)* : cet imposant requin à la robe brun chocolat est très répandu dans les eaux tempérées froides. Il se nourrit de plancton qu'il filtre en nageant bouche grande ouverte. Sa longueur n'excéderait pas 12 mètres.

Requin océanique *(Carcharhinus longimanus)* : ce requin au corps massif se caractérise par des nageoires pectorales et dorsales arrondies, maculées de blanc. Habitant de haute mer, il fréquente les eaux tropicales et serait impliqué dans de nombreuses attaques lors de naufrages. Il est souvent accompagné de ses poissons pilotes. Sa taille n'excède pas 4 mètres.

Requin bleu *(Prionace glauca)* : très élancé et doté d'une nage gracieuse, le peau bleue est probablement le requin le plus répandu, aussi bien en eaux tropicales qu'en eaux tempérées. Lors de stimuli alimentaires, il apparaît en groupe et peut se révéler très dangereux. Sa taille peut atteindre 6 mètres.

À droite : *Requin bleu.*

Ci-dessous : *Requin pèlerin.*

Index

Ailerons de requins, 14.
Alimentation, 26.
Ampoules de Lorenzini, 25, 34, 41.
Attaques, 36, 37, 43.

Benchley, Peter, 12.

Captivité, 54.
Carcharhinus
leucas, 44, 58.
longimanus, 62.
Carcharocles
carcharias, 16.
megalodon, 16.
Carcharodon carcharias, 20.
Cetorhinus maximus, 62.
Channel Islands, 46.
Chondichthyens, 20.
Conservation, 54.
Controverse, 46.
Coppleson, Victor, 44.
Cryptes sensorielles, 34.

Dangerous Reef, 46.
Denticules dermiques, 26.
Dents de la mer (Les), 12.
Distribution, 20.
Dyer Island, 46, 53.

Équipement sensoriel, 30.
Eugomphodus taurus, 19, 61.
Extinction, 54, 55.

False Bay, 46.
Farallon, 46.
Fox, Rodney, 36.

Galeocerdo cuvier, 44, 58.
Gansbaai, 53.
Gestation, 29.
Goût, 34.
Great white shark, 20.

Habitat, 25.
Hartman, André, 50.
Hiérarchie, 28.
Hydrodynamisme, 26.

International Shark Attack File, 36.

Isla Guadalupa, 46.
Isurus oxyrinchus, 19, 62.

Jaws, 12.
Juvéniles, 29.

Lamarck, 12.
Lamnidés, 20.
Lamniformes, 20.
Linné, 12
Lion de mer d'Australie, 50.
Longévité, 29.

Mâchoires, 26, 55.
Manchot du Cap, 50.
Méditerranée, 44.
Morsure, 28.
Mort blanche, 20.
Mossel Bay, 46.

Neptune Islands, 46.

Olfaction, 30.
Otaries du Cap, 50.
Ovoviviparité, 29.
Oxygénation, 25.

Physiologie, 20.
Prédation
Instinct de –, 54.
Prionace glauca, 62.

Répartition, 25.
Requin
à grandes dents, 16.
baleine, 61.
bleu, 62.
bouledogue, 44, 58.
du Zambèze, 44.
Grand – marteau, 58.
mako, 19, 62.
océanique, 62.
pèlerin, 62.
taureau, 19, 61.
tigre, 44, 58.
Rhincodon typus, 61.
Rogue
Théorie du –, 44.
Rondelet, 12.

Shark alley, 53.
Sphyrna mokarran, 58.
Spots, 46.
Système acoustico-latéral, 30.

Tapetum lucidum, 34.
Tourisme, 46.

Vue, 34.

White pointer, 20.

Zone d'évolution, 25.

Crédits photographiques

Bios/Bessudo Sandra : 25 ; Bios/Bour Jean-Marc : 46 ; Bios/Cakwardine/Still Pictures : 5 mg, 12 ; Bios/Campbell Tom/Still Pictures : 61 ; Bios/Cole Brandon : 4, 5 bd, 5 bg, 5 hd, 13, 14 m, 15, 22-23, 29, 30-31, 34 h, 34 m, 35, 42, 45, 48-49, 58 ; Bios/GPS : 38-39, 41, 57 ; Bios/Herrmann R./OSF : 63 ; Bios/Jost Klaus-Peter Arnold : 26-27 ; Bios/Kazmers Marilyn-Peter Arnold : 5 hg, 52-53 ; Bios/Kobeh Pascal : 62 ; Bios/Lefèvre Yves : 9 b, 20, 44, 58-59 ; Bios/Rotman Jeffrey : 11, 18-19, 36, 43, 53, 54, 55 b, 55 h ; Bios/Rotman Jeffrey-Peter Arnold : 47 ; Bios/Watts Dave : 51 ; Bios-Calvo Kike/Visual and Written : 40-41 ; Écalard Philippe : 14 h, 28-29, 50 b, 50 h ; Phone/Calvo Kike/Visual and Written : 16-17, 21, 32-33, 56-57 ; Phone/Danna Patricia : 60-61 ; Phone/Spencer Mark/Auscape : 10.